Sylvie Ladouceur   Marc Robichaud

Vivre sa santé en français au Nouveau-Brunswick

*Le parcours engagé des communautés acadiennes
et francophones dans le domaine de la santé*

avec la collaboration de Maurice Basque

UNIVERSITÉ DE MONCTON
EDMUNDSTON MONCTON SHIPPAGAN

Institut d'études acadiennes

Sauf lorsque la précision du genre est jugée nécessaire, le masculin est utilisé sans aucune discrimination et uniquement dans le but d'alléger la lecture du texte. Dans la mesure du possible, le texte respecte l'orthographe et le vocabulaire en usage selon les époques et les régions abordées dans cet ouvrage. Cependant, des adaptations y ont parfois été apportées pour en faciliter la lecture.

Cet ouvrage ne constitue pas une étude exhaustive des soins et services de santé au Nouveau-Brunswick, mais aborde des sujets représentant certains éléments de ce parcours, dans une perspective francophone. Tous les efforts possibles ont été faits pour obtenir les droits de reproduction des images et présenter fidèlement les diverses contributions archivistiques et documentaires employées dans la production de cet ouvrage.

Ce projet a été rendu possible grâce à la contribution financière de Santé Canada; les vues exprimées dans cet ouvrage ne reflètent pas nécessairement celles de Santé Canada.

Révision linguistique : Amélie Giroux

Impression : Advocate Printing/Imprimerie Maritime, Dieppe (N.-B.)

Catalogage avant publication de Bibliothèque et Archives Canada

Ladouceur, Sylvie, 1975-

Vivre sa santé en français au Nouveau-Brunswick :
le parcours engagé des communautés acadiennes et francophones dans le domaine de la santé /
Sylvie Ladouceur, Marc Robichaud; [avec la collaboration de Maurice Basque].

(Collection Marguerite-Michaud)

Comprend des réf. bibliogr.

ISBN 978-0-9810041-6-7

1. Soins médicaux — Nouveau-Brunswick — Histoire. 2. Canadiens français — Soins médicaux — Nouveau-Brunswick — Histoire.
3. Acadiens — Soins médicaux — Nouveau-Brunswick — Histoire. 4. Santé, Services de — Nouveau-Brunswick — Histoire.
5. Canadiens français — Santé et hygiène — Nouveau-Brunswick — Histoire. 6. Acadiens — Santé et hygiène — Nouveau-Brunswick — Histoire.
7. Personnel médical — Formation — Nouveau-Brunswick — Histoire.
I. Robichaud, Marc, 1972– II. Basque, Maurice, 1960– III. Université de Moncton. Institut d'études acadiennes
IV. Titre. V. Collection : Collection Marguerite-Michaud

R463.N4L33 2011   610.9715'1   C2011-905495-7

ISBN 978-0-9810041-6-7

Table des matières

Table des matières *(suite)*

Remerciements

Nous désirons offrir nos plus sincères remerciements à Mai Savoie, coordonnatrice régionale du Consortium national de formation en santé-Volet Université de Moncton, qui a cru en ce projet et l'a appuyé avec beaucoup d'enthousiasme depuis le début; aux partenaires du projet – Brigitte LePage, coordonnatrice du CNFS, au Collège communautaire du Nouveau-Brunswick-Campus de Campbellton; Barbara Losier, directrice du Mouvement Acadien des Communautés en Santé du Nouveau-Brunswick; Josée Nadeau, coordonnatrice du CNFS et du développement stratégique au Centre de formation médicale du Nouveau-Brunswick; et Gilles Vienneau, directeur général de la Société Santé et Mieux-être en français du Nouveau-Brunswick – dont les commentaires judicieux nous ont permis de mieux cerner l'orientation et le contenu de cet ouvrage; ainsi qu'au Dr Aurel Schofield, directeur du Centre de formation médicale du Nouveau-Brunswick, doyen associé de la Faculté de médecine et des sciences de la santé de l'Université de Sherbrooke et doyen associé de la Faculté des sciences de la santé et des services communautaires de l'Université de Moncton, pour ses propos éclairants sur le cheminement des initiatives en santé pour les francophones du Nouveau-Brunswick.

Nous remercions aussi les employés et bénévoles des centres d'archives, musées et bibliothèques de la province pour leur grande disponibilité et leurs promptes réponses à nos nombreuses requêtes. Nous sommes particulièrement reconnaissants à l'égard de tous les individus, associations et groupes, ainsi qu'aux divers ministères gouvernementaux, qui ont offert des photos ou des artéfacts permettant de faire apprécier la riche histoire des services de santé dans notre province.

Également, un merci très spécial à nos collègues de l'Institut d'études acadiennes qui nous ont soutenus et encouragés à travers les longues heures de conception, de recherche et de rédaction de ce projet.

Enfin, merci à toutes les personnes qui, de près ou de loin, ont participé à la production de cet ouvrage et nous ont conseillés dans sa conception et dans les choix, parfois difficiles, qu'il a fallu faire au niveau du contenu. Malgré le travail minutieux qui a été investi, nous assumons la responsabilité de toute erreur qui se serait malencontreusement glissée en cours de route.

Nous vous souhaitons une bonne lecture et de belles découvertes!

Sylvie Ladouceur et Marc Robichaud

Avant-propos

Cet ouvrage éclaire à plus d'un titre les raisons pour lesquelles la formation de professionnels francophones dans le domaine de la santé a été, et demeure encore aujourd'hui, une tâche essentielle dans notre société. Par le fait même, il dépeint le contexte global dans lequel nous œuvrons, moi et mes collègues, à l'Université de Moncton ainsi que dans plusieurs autres milieux éducatifs et de pratique relatifs aux services de santé et de mieux-être. Tout en présentant l'évolution des services de santé au Nouveau-Brunswick et les étapes qui ont permis de mettre sur pied les centres de formation actuels dans ce domaine, ce livre cherche à retracer le développement d'une conscience collective quant à la valeur accordée à la santé dans nos communautés. Il rappelle aussi l'importance de la continuité, alliée nécessaire à l'amélioration, au développement et à la diversification des services de santé de façon à ce qu'ils répondent encore mieux aux besoins des collectivités desservies – en l'occurrence l'Acadie francophone, la francophonie canadienne et la population en général – car l'exclusion n'a pas sa place dans ce domaine. Pour y parvenir, nous devons collectivement sensibiliser et encourager les jeunes à s'engager dans le domaine de la santé afin qu'ils constituent une relève dynamique et suffisamment nombreuse.

Dans ce contexte, il est bon de savoir que notre champ d'activité s'inscrit dans une histoire longue et aux facettes multiples. Celle-ci nous rappelle les assises qui ont permis les développements auxquels nous continuons de travailler. Elle nous enseigne aussi l'importance d'améliorer et de diversifier les programmes et les régimes de soins en innovant et en poussant plus loin ce qui nous a été transmis ; bref, l'histoire nous rappelle encore et toujours la nécessité de s'acharner à construire un avenir d'excellence dans un domaine qui ne cesse d'évoluer, de se diversifier et de s'approfondir. Cette histoire nous démontre également qu'une communauté – ici l'Acadie francophone – doit aussi tout mettre en œuvre pour obtenir, dans sa langue, les services de santé requis et disposer, pour y réussir, d'un contingent adéquat et diversifié de professionnels francophones.

Cette histoire nous permet, par ailleurs, de constater la multiplication progressive des types d'intervenants dans ce domaine. Les progrès accomplis sur le plan des services de santé et au niveau de la formation nécessaire pour les dispenser se concrétisent grâce à une diversification des professions, des institutions d'enseignement et de soins de santé, ainsi que des milieux de pratique et de recherche. C'est par des échanges constants entre tous ces intervenants que la problématique de la santé et du mieux-être se complexifie, certes, mais se renforce et profite d'avancées diverses.

Il ne surprendra donc pas que la production de ce livre soit elle-même le fruit d'un partenariat multiple, que j'ai le plaisir de souligner. Qui aurait dit qu'en plus de concerter notre action avec les programmes de formation en santé à l'Université de Moncton, nous pouvions aussi envisager une collaboration avec l'Institut d'études acadiennes ? C'est pourtant ce qui s'est passé lorsque l'idée d'un tel historique a été proposée par Maurice Basque. Pour devenir réalisable, ce projet a ensuite été adopté par les trois composantes néo-brunswickoises du Consortium national de formation en santé (CNFS) – c'est-à-dire le Centre de formation médicale du Nouveau-Brunswick (CFMNB), le Collège communautaire du Nouveau-Brunswick, Campus de Campbellton (CCNB-Campbellton), et par nous, du projet CNFS à l'Université de Moncton – ainsi que par nos partenaires de la Société Santé et Mieux-être en français du Nouveau-Brunswick (SSMEFNB) et du Mouvement Acadien des Communautés en Santé du Nouveau-Brunswick (MACS-NB). Nous avons tous contribué au projet par le biais de ressources financières destinées à la publication et à la distribution du présent ouvrage, ainsi que, au besoin, par le biais d'informations permettant de dresser l'historique qui suit. Car bien sûr, des ressources financières suffisantes restent l'ingrédient indispensable de toute initiative, si bien conçue ou utile soit-elle. Rappelons que le projet CNFS dans son ensemble, tout comme la Société Santé en français (SSF), qui comprend la SSMEFNB, est principalement financé grâce au programme de contribution pour améliorer l'accès aux services de santé dans les collectivités de langue officielle en situation minoritaire de Santé Canada. Le projet CNFS est ainsi sous-jacent à la présente réalisation et nous tenons à le remercier une nouvelle fois pour la contribution majeure qu'il apporte à la problématique de la santé dans la francophonie canadienne.

Remercions enfin ceux et celles qui ont contribué de près ou de loin à la réalisation de cet ouvrage. La production de ce livre a été assurée et coordonnée par l'Institut d'études acadiennes : Sylvie Ladouceur, Marc Robichaud et Maurice Basque à la recherche, à la rédaction et à la conception ; André Duguay à la recherche d'iconographie originale et à l'obtention des droits de reproduction, Amélie Giroux à la révision linguistique et Anne Daigle au soutien administratif. Soulignons également l'appui de Marie-Linda Lord à ce projet pendant son mandat de directrice par intérim de l'Institut d'études acadiennes, ainsi que la collaboration d'Isabelle McKee-Allain, la nouvelle directrice de cet institut. Au nom de tous les organismes qui parrainent le projet, j'ai plaisir à les remercier chaleureusement d'avoir su rassembler une documentation textuelle et iconographique importante et en tirer une synthèse qui reflète les principales étapes de l'évolution des services de santé en français au Nouveau-Brunswick.

Il est certes essentiel d'augmenter le nombre de professionnels francophones de la santé dans nos communautés de la francophonie canadienne afin qu'elles aient accès à des services de santé de qualité, suffisamment diversifiés et dans leur langue. Pour ce faire, un travail d'information et de sensibilisation doit être entrepris, d'une part pour rejoindre les clientèles visées – de façon à ce qu'elles se prévalent des services offerts –, et d'autre part pour attirer de nouveaux professionnels en devenir. La présente publication contribue à ce rôle d'information et de conscientisation tout en procédant à une enrichissante mise en contexte historique. Je tiens à remercier encore et à féliciter tous les contributeurs qui l'ont menée à bien, et je souhaite que sa lecture informe de nombreux intéressés et suscite l'intérêt et la mobilisation d'une importante cohorte de futurs professionnels de la santé.

Mai Savoie

Coordonnatrice du CNFS
à l'Université de Moncton

Introduction

Au cœur des préoccupations de la population acadienne et francophone du Nouveau-Brunswick, la santé est aujourd'hui l'affaire de tous. En effet, tant les professionnels que la communauté, les gestionnaires que les chercheurs, le secteur public comme le secteur privé, tous sont partenaires, non seulement dans la livraison de soins et services qui visent la guérison ou la gestion d'une maladie, mais aussi dans la promotion d'habitudes de vie saines centrées sur le mieux-être de la personne et celui des communautés.

Pour répondre à ses besoins particuliers, la communauté francophone et acadienne du Nouveau-Brunswick s'est mobilisée depuis longtemps afin de créer ses propres institutions dans le domaine de la santé et de voir à leur épanouissement. Dès leur arrivée en Acadie, les premières familles ont adopté des habitudes saines qui leur ont permis de bâtir des communautés en santé. Fortes de leur esprit d'entraide, elles ont fait preuve d'une débrouillardise exemplaire dans le soin de leurs malades et de leurs blessés. Malgré les périodes de crise ou d'épidémies et des moyens souvent limités, les francophones se sont engagés résolument à trouver des ressources pour soutenir le bien-être des leurs. À travers les diverses approches thérapeutiques qui ont marqué les représentations de la maladie et de la santé au fil des ans jusqu'à la conception du mieux-être aujourd'hui, les francophones ont contribué activement aux progrès scientifiques, à la fondation d'institutions, à la responsabilisation sociale et politique à l'égard de la santé publique, à la spécialisation des professions de la santé et à la diversification des services qui y sont rattachés. Ce parcours a été jalonné de défis, certes, mais forte de son dynamisme et de ses convictions, la population francophone peut se féliciter de ses succès. Ainsi, les francophones bénéficient aujourd'hui d'un accès à des services de santé dans leur langue, à plusieurs formations professionnelles collégiales et universitaires en français dans le domaine de la santé, de même qu'à un milieu associatif dynamique qui encourage un engagement communautaire et une responsabilisation de la population face aux défis et aux enjeux dans le domaine de la santé et du mieux-être.

Parmi ces réalisations remarquables, notons :

- un réseau hospitalier provincial dynamique et novateur,
- un centre d'excellence en recherche sur le cancer,
- le premier centre hospitalier universitaire de la province,
- des médecins francophones formés entièrement au Nouveau-Brunswick,
- un réseau de santé qui compte plus de 1 200 bénévoles dévoués,
- une utilisation efficace des nouvelles technologies dans la livraison optimale des soins et services,
- un mouvement communautaire en faveur du mieux-être.

Ces réussites, comme plusieurs autres, s'inscrivent dans une démarche historique visant à conjuguer services de santé et langue française pour répondre aux besoins d'une communauté acadienne et francophone résiliente et fière de ses acquis, mais qui demeure consciente des défis nombreux et complexes qui restent à relever.

Sans prétendre être exhaustif, ce livre propose un portrait des grandes étapes de l'histoire des services de santé, à partir de l'Acadie coloniale jusqu'au Nouveau-Brunswick francophone d'aujourd'hui. Il fait état des moments forts qui ont marqué ce parcours, tels que la fondation des premiers hôpitaux, certaines lois qui ont façonné le domaine de la santé publique, les transformations dans la formation des professionnels de la santé, les contributions particulières de francophones à l'échelle de la province et dans les communautés, et les innovations qui ont permis au Nouveau-Brunswick de se tailler une place distincte dans le domaine des soins de santé au sein de la francophonie canadienne.

Campagne de l'Arbre de l'espoir

Institut atlantique
de recherche sur le cancer

Première cohorte de diplômés
en médecine formés en Acadie (2010)

Santé et soins en Acadie coloniale : un début prometteur

Eupatoire pourpre (*Eupatorium purpureum*), plante médicinale
répertoriée par l'apothicaire Louis Hébert (17ᵉ siècle)

Les premiers pas de la santé en Acadie

Première colonie permanente établie par la France en Amérique du Nord, l'Acadie connaît plusieurs pionniers dans le domaine des soins de santé. Déjà le chirurgien Philippe Raybois, originaire du Havre en Normandie, accompagne Pierre Dugua de Mons à l'île Sainte-Croix en 1604. Durant le premier hiver passé sur cette île, une trentaine des 79 membres de l'expédition périssent du scorbut, une maladie causée par une carence en vitamine C très répandue chez les marins et explorateurs de l'époque, particulièrement lors de longues traversées pendant lesquelles la nourriture fraîche se faisait rare. Dans ses récits de voyage, Samuel de Champlain décrit les ravages de cette maladie qui frappe l'Habitation de l'île Sainte-Croix :

Durant l'hiver il se mit une certaine maladie entre plusieurs de nos gens, appelée mal de la terre, autrement Scorbut [...]. Il s'engendrait en la bouche de ceux qui l'avaient de gros morceaux de chair superflue & baveuse (qui causait une grande putréfaction) laquelle surmontait tellement, qu'ils ne pouvaient presque prendre aucune chose, sinon que bien liquide. Les dents ne leur tenaient presque point, & les pouvait-on arracher avec les doigts sans leur faire douleur. [...] Après il leur prenait une grande douleur de bras & de jambes, lesquelles leur demeurèrent grosses & fort dures [...]. Nous ne pûmes trouver aucun remède pour la curation de ces maladies.

Au cours de leurs échanges, les Amérindiens expliquent aux colons européens comment soigner une variété de maux à l'aide de remèdes naturels, ce qui leur permet de mieux s'adapter à leurs nouvelles conditions de vie. Par exemple, dans certaines régions, ils traitent le scorbut avec une infusion d'écorce de cèdre blanc appelée *aneda*. Pourtant, le contact entre les communautés autochtones et les nouveaux arrivants n'est pas que positif à cet égard, car les Européens sont porteurs de nouvelles souches de maladies contre lesquelles les Amérindiens ne sont pas immunisés et auxquelles plusieurs vont succomber.

Carte de l'île Sainte-Croix
dessinée par Samuel de Champlain (1613)

Aquarelle représentant
l'arrivée des premiers Français
à l'île Sainte-Croix, par Stephen Bauckman

L'usage de plantes médicinales et de méthodes traditionnelles amérindiennes dans le traitement des maladies se répand chez les nouveaux arrivants suite à la venue de l'apothicaire parisien Louis Hébert à Port-Royal en 1606. Curieux et débrouillard, ce dernier bonifie sa collection d'herbes et de plantes curatives en y incluant des échantillons de la flore locale dont les autochtones lui ont fait découvrir les spécificités, faisant de lui un guérisseur estimé par les premiers habitants de la colonie. Son épouse, Marie Rollet, l'assiste dans ses traitements des malades et des blessés et est ainsi reconnue pour avoir dispensé les premiers soins infirmiers au Canada.

Représentation d'un échange de plantes curatives entre Louis Hébert et un Amérindien à Port-Royal ; tableau de Robert Thom

Plantes médicinales répertoriées en Amérique par l'apothicaire Louis Hébert : molène (*Verbascum virgatum*), hydraste du Canada (*Hydrastis canadensis*) et ariséma triphylle (*Arisæma triphyllum*)

Louis Hébert représenté avec des objets tels qu'une branche de sapin, des épis de blé, un mortier et un pilon qui illustrent sa contribution aux domaines de l'agriculture et de la pharmacologie.

1604 Les premiers Français s'établissent à l'île Sainte-Croix.

1605 Les Français quittent l'île Sainte-Croix et fondent Port-Royal.

1606 Samuel de Champlain crée l'Ordre de Bon Temps pour favoriser le divertissement et la bonne alimentation des habitants de Port-Royal.

Les hôpitaux à l'époque coloniale

Les registres paroissiaux et la correspondance des administrateurs français nous renseignent sur la présence de chirurgiens et d'hôpitaux en Acadie avant le Grand Dérangement. À cette époque, la chirurgie et la médecine sont deux professions complètement distinctes. Il est de mise qu'un chirurgien militaire accompagne les expéditions navales et prodigue ensuite des soins dans la colonie.

Des hôpitaux militaires sont érigés à Plaisance (Terre-Neuve), à Port-Royal et à Louisbourg en 1698, vers 1707 et en 1730 respectivement. Ces premiers hôpitaux coloniaux, financés par la France, sont essentiellement destinés aux garnisons militaires. Ceux de Plaisance et de Port-Royal auront une existence éphémère alors que celui de Louisbourg jouera un rôle prépondérant dans cette ville-forteresse.

Les soins hospitaliers à Louisbourg

À l'été 1716, quatre frères de la Charité de l'Ordre de Saint-Jean-de-Dieu, accompagnés de quelques domestiques, arrivent à l'île Royale (Cap-Breton) pour s'occuper du soin des malades de la colonie. Trois ans plus tard, les frères sont regroupés à Louisbourg où ils administrent un établissement rudimentaire jusqu'à la construction de l'Hôpital du Roi en 1730.

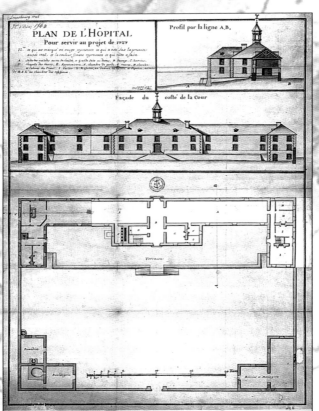

Plan de l'Hôpital du Roi, par Étienne Verrier (1726)

Louisbourg devient ainsi le site de la plus importante institution hospitalière de Nouvelle-France. Son imposant hôpital militaire, bâti en pierres, peut accueillir jusqu'à 100 malades, contrairement à une dizaine de places dans les hôpitaux de Montréal et de Québec à la même époque. Au début, l'hôpital est mal équipé, mais la situation s'améliore suite à des requêtes auprès du roi pour obtenir des fournitures essentielles telles que des draps, des instruments et des ustensiles. L'hôpital possède sa propre boulangerie, une buanderie, une pharmacie ainsi qu'une morgue.

Bien que les soins de santé incombent aux Frères de la Charité, les officiers de la couronne demeurent responsables de la gestion de l'établissement, dont les dépenses sont défrayées par le trésor royal. En 1730, l'Hôpital du Roi a un budget annuel de 13 600 livres, une somme plutôt modeste par rapport à l'ampleur des opérations, et qui suffit tout juste à couvrir les dépenses.

Au fil des ans, la gestion de l'hôpital ne se fait pas sans heurts, car il y a souvent des sources de discorde entre les administrateurs et le personnel soignant. Ainsi, même si la clientèle de l'Hôpital du Roi est surtout composée des soldats de Louisbourg et de

Carte du port de Louisbourg, par Jacques-Nicolas Bellin (1764)

Représentation d'un
soldat devant la porte
Dauphin à Louisbourg
en 1758; reconstitution
par Eugène Lelièpvre

À l'origine, le terme *hôpital*, du latin *hospes*, désignait un établissement destiné à recevoir les pauvres, qu'ils soient malades ou non. C'est à partir du 18ᵉ siècle qu'on commence à associer l'hôpital avec le soin exclusif des malades. En Nouvelle-France, on fait une distinction entre trois modèles d'hôpitaux, selon la clientèle visée et les services offerts :

Hôpital général : Lieu de renfermement des pauvres, des invalides et des vagabonds où leur sont enseignés les vertus chrétiennes et des rudiments de métier.

Hôpital militaire : Établissement de la couronne qui reçoit les soldats et les marins.

Hôtel-Dieu : Fondation religieuse privée pour les pauvres, les malades et les handicapés. Accueille aussi les soldats et les marins blessés en temps de guerre.

État des soins prodigués par un frère de la Charité à Jeanne Thibodeau, une résidante de Louisbourg (1741)

Louisbourg
17 mai 1741

Remedes que j'ay fait et fournis a defuncte Madame desgoutin pendant les maladie qu'elle a eu a louisbourg depuis son retour dernier defrance, jusqu'a Sa mort, dont je n'ait pas etté payez Scavoir.

Seignée	*6 a 1″ 10s*	*9″*
medecine	*7 a 3*	*21*
por. cord et pp	*4 a 4*	*16*
por. ff	*2 a 2″ 10s*	*5*
l'avement	*3 a 1″ 10s*	*4 10s*
et pour visite		*23*
Somme total		*78″ 10s*

[signé] *f Boniface*
R dela Charité

L. Hoad, *La chirurgie et les chirurgiens de l'île Royale*, p. 345

---

matelots, on reproche aux religieux de soigner aussi la population locale, parfois aux dépens des membres de la garnison. Les autorités critiquent aussi les absences fréquentes du premier chirurgien de l'établissement, jugé peu compétent. Celui-ci est remplacé, dès 1731, par Boniface Vimeux, un religieux-chirurgien estimé beaucoup plus habile et, dans l'ensemble, les activités de l'hôpital se maintiennent en bon ordre. L'administration royale et les frères soignants sont également en désaccord au sujet de l'admission des patients atteints de « folie » et du soin des soldats porteurs de maladies vénériennes dont on dit alors qu'il est impossible pour un être humain d'être atteint « d'une manière plus hideuse & plus cruelle ». Ces derniers sont renvoyés en France pour se faire traiter au mercure.

1713   Par le Traité d'Utrecht, l'Acadie devient une colonie britannique.

1749   Marie-Marguerite Lotman arrive à Louisbourg où elle pratique le métier de sage-femme jusqu'en 1758.

1760   La ville-forteresse de Louisbourg est détruite par les Britanniques.

À l'époque, la théorie des humeurs veut que la maladie soit issue d'un déséquilibre des fluides du corps et les traitements sont donc destinés à en rétablir l'harmonie naturelle. À l'Hôpital du Roi, infusions, saignées, lavements, cautérisations, ablations et amputations sont les principaux modes de traitement, prescrits parfois à profusion, pour tenter de prévenir ou de soigner une variété de maux. Les résultats en sont souvent peu probants. À ces traitements passablement aléatoires s'ajoutent des conditions sanitaires sommaires qui permettent difficilement d'éviter les infections et la contagion, surtout lorsque les soins exigent une grande proximité avec les malades. Ainsi, les religieux de Louisbourg eux-mêmes ne sont pas épargnés par la maladie et trois des six frères soignants sont emportés par la variole en 1732.

Les premiers chirurgiens en Acadie

À cette époque, il existe une séparation quasi complète entre la médecine et la chirurgie. Cette division des rôles remonte au Moyen Âge alors que l'Église défend aux moines et aux prêtres formés en médecine de pratiquer la chirurgie en raison d'une « interdiction de verser le sang ». Les chirurgiens, exclus des facultés de médecine, s'associent alors à la confrérie des barbiers pour assurer leur statut et faire progresser les connaissances dans leur domaine.

En Acadie coloniale, les soins de santé de la population civile et militaire sont en majeure partie dispensés par les chirurgiens. Peu nombreux et installés à Québec, les médecins prescrivent plutôt des remèdes et des traitements aux mieux nantis, les seuls qui ont véritablement les moyens de se payer leurs services.

Faute de médecins, la population acadienne fait peu de distinction entre les rôles attribués aux deux professions et les chirurgiens pratiquent tant les interventions médicales que chirurgicales pour soigner les maux courants conformément aux pratiques de l'époque. De par leur formation technique, les chirurgiens ont une approche très pratique : ils incisent les abcès, suturent ou cautérisent les plaies, amputent les membres, réduisent les fractures, pratiquent les saignées, arrachent les dents et effectuent les autopsies. À partir du 18ᵉ siècle, les chirurgiens sont aussi appelés à intervenir plus fréquemment dans le domaine de l'obstétrique, surtout lors de

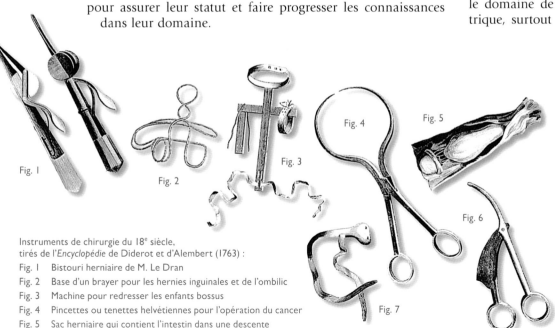

Instruments de chirurgie du 18ᵉ siècle, tirés de l'*Encyclopédie* de Diderot et d'Alembert (1763) :
Fig. 1 Bistouri herniaire de M. Le Dran
Fig. 2 Base d'un brayer pour les hernies inguinales et de l'ombilic
Fig. 3 Machine pour redresser les enfants bossus
Fig. 4 Pincettes ou tenettes helvétiennes pour l'opération du cancer
Fig. 5 Sac herniaire qui contient l'intestin dans une descente
Fig. 6 Bistouri gastrique
Fig. 7 Brayer ou bandage pour contenir une hernie inguinale

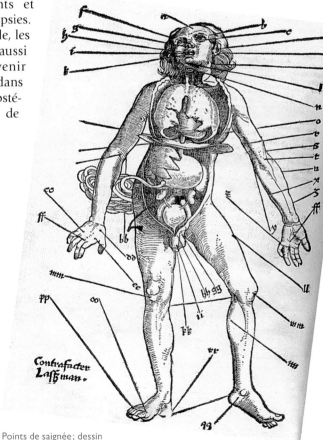

Points de saignée ; dessin du chirurgien allemand Hans von Gersdorff (16ᵉ siècle)

complications. En somme, l'absence de médecins ne semble pas nuire à la santé de la population, car outre les épidémies, les habitants de la colonie, généralement jeunes et en bonne santé, ont surtout besoin de soins chirurgicaux pour traiter les blessures de guerre, les lésions accidentelles et les infirmités qui en résultent. Les praticiens acadiens emploient les mêmes outils et traitements de base que leurs collègues européens, notamment les lancettes pour les saignées. Jusqu'au 18ᵉ siècle, les instruments d'examen clinique sont limités; le stéthoscope, le thermomètre et le manomètre, entre autres, n'étant seulement introduits et popularisés qu'à partir du 19ᵉ siècle.

Plusieurs des chirurgiens arrivés en Acadie à bord des navires militaires s'installent dans la colonie et sont les ancêtres de familles acadiennes. En plus de pratiquer des interventions chirurgicales, ceux-ci ont fréquemment d'autres occupations au sein de leur communauté, notamment en tant que commerçant ou notaire.

Bol gradué pour saignées (18ᵉ siècle)

En 1641, le chirurgien Jacques (Jacob) Bourgeois arrive de France à Port-Royal avec un détachement de militaires sous les ordres du sieur Charles de Menou d'Aulnay. Outre la chirurgie, il se consacre à l'agriculture, à la construction navale et au commerce. Pionnier du village de Beaubassin où il s'installe vers 1672, Jacques Bourgeois, époux de Jeanne Trahan, est l'ancêtre des Bourgeois en Acadie.

Denis Petitot dit Saint-Seine, maître chirurgien, se trouve aussi à Port-Royal dans le dernier quart du 17ᵉ siècle. Il est souvent choisi comme parrain lors des baptêmes ou encore comme ondoyeur. Vers 1687, il épouse Marie Robichaud, fille d'Étienne Robichaud et de Françoise Boudrot.

Jean Mouton, établi en Acadie au début du 18ᵉ siècle, est chirurgien aux Mines et à Beaubassin. En 1711, il épouse à Port-Royal Marie Girouard, fille d'Alexandre Girouard et de Marie Le Borgne de Bélisle. Au moment du Grand Dérangement, un de leurs enfants, Salvator, s'installe en Louisiane où il devient l'ancêtre d'une famille dont seront issus plusieurs notables qui marqueront la société de cet État américain.

Pour sa part, Pierre-Alain Bugeaud est chirurgien et notaire à Grand-Pré au début du 18ᵉ siècle. Il épouse Élisabeth (Isabelle) Melanson, fille de Pierre et de Marguerite Mius d'Entremont vers 1695.

Lancettes (flammes) pour saignées (17ᵉ siècle)

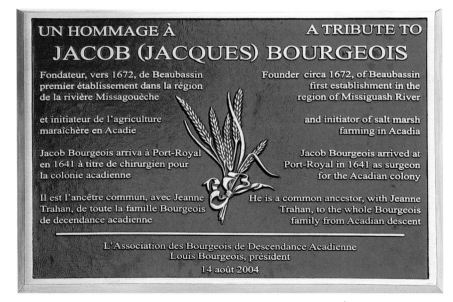

UN HOMMAGE À JACOB (JACQUES) BOURGEOIS — A TRIBUTE TO JACOB (JACQUES) BOURGEOIS

Fondateur, vers 1672, de Beaubassin premier établissement dans la région de la rivière Missagouèche

et initiateur de l'agriculture maraîchère en Acadie

Jacob Bourgeois arriva à Port-Royal en 1641 à titre de chirurgien pour la colonie acadienne

Il est l'ancêtre commun, avec Jeanne Trahan, de toute la famille Bourgeois de décendance acadienne

Founder circa 1672, of Beaubassin first establishment in the region of Missiguash River

and initiator of salt marsh farming in Acadia

Jacob Bourgeois arrived at Port-Royal in 1641 as surgeon for the Acadian colony

He is a common ancestor, with Jeanne Trahan, to the whole Bourgeois family from Acadian descent

L'Association des Bourgeois de Descendance Acadienne
Louis Bourgeois, président
14 août 2004

Plaque commémorative à la mémoire de Jacques Bourgeois (Fort Lawrence, N.-É.)

Un exemple de soins communautaires

Au début du 18e siècle, la société acadienne se distingue des sociétés paysannes européennes par une espérance de vie plus longue, une mortalité infantile moindre et l'absence de grandes épidémies qui font des ravages à l'époque. Ceci peut s'expliquer par le fait que l'Acadie se trouve un peu à l'écart des principaux réseaux d'échanges internationaux, favorables à la propagation de maladies, et par le mode de vie simple et sain de ses habitants qui ont accès à une alimentation riche en protéines et en vitamines. Le sieur Dièreville, un chirurgien normand qui visite la colonie en 1699, constate justement que les Acadiens vivent longtemps, sont généralement en bonne santé, et que les couples ont plusieurs enfants qui atteignent l'âge adulte, ce qui est rare en Europe à l'époque :

Ils n'ont plus qu'à peupler le monde ;
C'est ce qu'ils font aussi le mieux,
Ne partageant point leur tendresse,
Dès les premiers transports de la verte jeunesse,
Ils font bien des enfants jusqu'à ce qu'ils soient vieux.

Par ailleurs, l'isolement relatif des Acadiens favorise leur débrouillardise et les porte à s'organiser entre eux pour soigner leurs malades. Ainsi, les soins de santé sont essentiellement une affaire communautaire, reposant sur les pratiques traditionnelles influencées par la culture amérindienne. Chaque région a probablement son guérisseur, sa guérisseuse et certainement sa sage-femme, telle que Jeanne Lanoue, sage-femme de Port-Royal au début du 18e siècle.

Interprétation du mode de vie des Acadiens à l'époque coloniale, par Claude T. Picard

Plan illustré de Port-Royal attribué à Jean-Baptiste-Louis Franquelin (1686)

Cependant, cette situation change dramatiquement durant les années du Grand Dérangement alors que la population acadienne est soumise à de nombreuses privations et à des conditions de vie pénibles, sans compter l'exposition à de nouvelles maladies contagieuses qui seront à l'origine de plusieurs centaines de décès d'Acadiens, surtout chez les enfants et les personnes plus âgées. C'est le cas des Acadiens qui fuient les soldats britanniques et se réfugient à Miramichi, de 1756 à 1758, dans un lieu nommé le Camp de l'Espérance. Comme en témoigne le missionnaire français, l'abbé François Le Guerne, l'hiver de 1756-1757 y est particulièrement difficile :

> […] *on a donc placé les Acadiens qui ne pouvaient plus subsister dans leurs quartiers dans un endroit de misère, je veux dire à Miramichi, où ces pauvres gens sont morts l'hiver dernier en grande quantité de faim et de misère et ceux qui ont échappé à la mort n'ont point échappé à une horrible contagion et ont été réduits par la famine qui y règne à manger du cuir de leurs souliers, de la charogne et quelques-uns même ont mangé jusqu'à des excréments d'animaux ; la bienséance m'oblige de supprimer le reste.*

Malgré les nombreux décès causés par le Grand Dérangement et les maladies qu'ils ont dû affronter durant cette période sombre de leur histoire, les Acadiens réussissent à reconstruire leur société, surtout dans les provinces atlantiques du Canada.

Extrait d'un mémoire faisant état d'Acadiens atteints de petite vérole lors de leur exil à Bristol en Angleterre (1763)

Tableau de Henri Beau représentant la Déportation des Acadiens

1755 Début de la Déportation des Acadiens.

1763 Par le Traité de Paris, le Canada devient une colonie britannique.

1764 Les autorités britanniques permettent le retour des Acadiens, à certaines conditions.

Des défis de taille à surmonter : l'œuvre des pionniers francophones

Représentation de religieuses devant le premier Hôtel-Dieu de Dalhousie, fondé en 1945 ; toile peinte par Vetta LaPointe Faulds

Les premières interventions du Nouveau-Brunswick dans le domaine de la santé

Au cours du 19ᵉ siècle, les dirigeants de la province deviennent de plus en plus conscients du besoin de protéger la population et de réglementer ses institutions sociales. Ils vont donc progressivement instaurer diverses mesures d'intervention en matière de santé publique. Ainsi, l'une des premières lois promulguées après la création du Nouveau-Brunswick en 1784 met en place des gouvernements locaux dans les unités administratives que sont les comtés et les paroisses civiles. Dans ce contexte d'organisation publique, le juge de paix, officier principal de la paroisse civile, assume de nombreuses responsabilités, dont celle de l'hygiène publique. Ces notables ont rarement reçu une formation médicale et, par conséquent, leur rôle consiste surtout à rédiger des requêtes destinées au gouvernement de Fredericton dans des moments de besoin, par exemple lorsque la population d'une région donnée souffre de disette comme ce fut le cas à Caraquet et à Shippagan en 1834.

CAP. VIII.

An ACT to PREVENT the Importation or Spreading of INFECTIOUS DISTEMPERS within this Province. Paffed the 8th February, 1799.

WHEREAS Infectious Diftempers have lately prevailed in different parts of the United States of America—AND WHEREAS it is neceffary to prevent, if poffible, the Importation of fuch defolating Diforders into this Province—

Loi de 1799 portant sur les maladies contagieuses (préambule)

Première carte du Nouveau-Brunswick (1786)

Représentation de l'île Partridge par Mary G. Hall (v. 1835)

L'île Partridge, au large de Saint-Jean, est l'un des premiers sites de quarantaine en Amérique du Nord (1785-1942). Les gens identifiés comme porteurs de maladie y subissaient une douche de kérosène, puis d'eau chaude censée les décontaminer. L'île Partridge connaît sa plus grande vague d'arrivants entre 1845 et 1847, période de famine en Irlande. Le Dʳ George Harding, attitré aux examens médicaux, rapporte qu'à certains moments, jusqu'à 2 500 immigrants étaient présents sur l'île. Plus de 600 personnes y sont enterrées.

D'ailleurs, les stratégies de l'époque dans le domaine de la santé sont beaucoup plus réactives que préventives puisque les causes de maladies demeurent généralement méconnues. Pourtant, si l'on comprend encore mal le lien entre l'hygiène, la maladie et les facteurs de transmission qui engendrent les épidémies, on tente quand même de limiter la propagation des infections en mettant en place certaines mesures de contrôle. Ainsi, la première loi sur l'hygiène publique adoptée par la province en 1796 interdit l'accès au port de Saint-Jean à tout navire transportant des personnes atteintes de maladies contagieuses ou en provenance de régions où celles-ci sévissent. Cette loi stipule que tous les passagers doivent être examinés par un médecin afin de déterminer s'ils sont porteurs d'une affection contagieuse. Ceux qui présentent des signes de maladie sont isolés. Il s'agit d'une première tentative officielle d'imposer une quarantaine pour limiter l'exposition à la maladie et sa propagation. Trois ans plus tard, cette loi est élargie à l'ensemble de la province.

Des milieux urbains insalubres

Les villes portuaires sont à la fois des voies d'entrée de maladies et des foyers importants de population propices à la contagion. D'une part, la maladie y est introduite par des éléments extérieurs, particulièrement les marins, dont les gens tendent à se méfier car leur style de vie et les conditions insalubres auxquelles ils sont exposés à bord des navires favorisent la propagation de maux de toutes sortes. D'autre part, en ville, l'air et l'eau sont peu sains, et les mesures d'hygiène publique restent insuffisantes. En effet, les milieux urbains contiennent davantage d'éléments de transmission d'agents pathogènes en plus d'être le théâtre de conditions malsaines comme des systèmes d'égouts à ciel ouvert et des ordures non ramassées. Les maladies infectieuses telles que la variole, la grippe, la rougeole, le typhus et la tuberculose tendent donc à s'y développer facilement, puis à se répandre rapidement vers

Port de Saint-Jean, v. 1898

l'intérieur des terres. C'est justement en raison de ces épidémies terribles que la province finance la construction d'hôpitaux de la marine (*marine hospitals*), dont le premier est érigé à Saint-Jean en 1822. Cette ville, port principal et métropole de la province, est par le fait même le lieu d'origine de nombreuses premières, que ce soit en matière d'institutions ou d'initiatives dans le domaine de la santé. En fait, c'est une épidémie de choléra ayant causé plus d'un millier de décès à Saint-Jean qui amène les autorités publiques à constater le besoin de mesures d'hygiène accrues, particulièrement dans les zones urbaines. De ce constat découle la nomination des premiers commissaires aux égouts en 1854.

Moncton, début du 20e siècle. Le besoin d'infrastructures sanitaires s'accroît avec le développement des milieux urbains.

Hôpital de la marine, à Miramichi, construit en 1830-1831

Dans les régions acadiennes, Dalhousie, Richibouctou, Bouctouche et Bathurst ont leur hôpital de la marine. Ces installations constituent les premiers centres hospitaliers au Nouveau-Brunswick, bien avant l'ouverture du premier hôpital public à Saint-Jean en 1865 et des hôtels-Dieu établis dans diverses localités de la province à partir de 1868.

Les conseils de santé

Étant conscient du besoin de limiter la propagation des maladies et de protéger la population, le gouvernement provincial adopte, au cours de la première moitié du 19ᵉ siècle, toute une série de mesures visant à définir les normes d'hygiène publique ainsi qu'à réglementer la formation des médecins. À partir de 1833, la province met sur pied, à l'échelle de ses comtés, des conseils de santé (*boards of health*) qui siègent

> *à tout moment où le public s'alarme ou s'inquiète face à l'approche de cette maladie terrible, le choléra, ou de toute autre maladie infectieuse ou pestilentielle, ou encore face à la véritable présence [...] de l'une de ces maladies dans la province.*

Disposant d'une vaste sphère d'autorité qui leur permet « de décider de l'ensemble des questions et de gérer toutes les affaires qui touchent à la santé du public », les conseils de santé sont donc notamment autorisés à inspecter les bâtiments et les terrains et à y faire enlever ce qui est jugé apte à favoriser la propagation de la maladie. Ils peuvent également ordonner la mise en quarantaine des navires, contrôler ou interdire la circulation par voie terrestre et maritime entre les différents comtés de la province, interdire toute forme de contact avec les résidences et les familles atteintes de maladies contagieuses, ainsi qu'ériger et maintenir des hôpitaux et y faire envoyer les individus souffrant d'une maladie contagieuse jusqu'à ce qu'ils soient « guéris, nettoyés et purifiés ».

Intervenir pour protéger des maladies qui viennent d'ailleurs...

Vers 1847, une épidémie de typhus fait plus de 2 000 victimes à Saint-Jean et 1 000 autres dans la région de Miramichi. Le Canada demande alors à l'Angleterre de cesser l'envoi d'immigrants malades.

SMALL POX !

NOTICE IS HEREBY GIVEN.

strictly forbidding all intercourse with the within

PREMISES

except by an order of the Board of Health, signed by the Chairman ; and

ALL PERSONS

now within the Premises, are hereby directed not to leave the said Premises without a similar order.

JAMES REYNOLDS,
Chairman.

T. M. BURNS,
Secretary.

Mise en garde contre la petite vérole émise par le conseil de santé de Saint-Jean au début du 20ᵉ siècle

Toile représentant la vaccination d'un enfant contre la petite vérole, par Constant Joseph Desbordes (v. 1820)

Dans un contexte où les vagues de typhus, de choléra et de variole (petite vérole) sont assez fréquentes, l'une des principales responsabilités des autorités en matière de santé publique devient la gestion des épidémies et des campagnes d'immunisation. Par exemple, lorsque la petite vérole est introduite à Dalhousie en 1840 par des passagers arrivant par voie maritime, elle se répand assez rapidement dans les communautés voisines, en particulier à Petit-Rocher. Devant l'ampleur du fléau et suite aux interventions du conseil de santé du comté de Gloucester, la population acadienne demande à se faire vacciner. Le conseil fait donc appel au *Provincial Vaccine Establishment* de Saint-Jean afin d'obtenir les vaccins nécessaires.

Vaccination contre la petite vérole au Madawaska : extraits d'un rapport du Dʳ J.C. Pinquet (février 1845)

Je me suis rendu immédiatement à la maison de Louison Albert où [...] j'ai pris soin de trois patients que j'ai trouvés atteints par la maladie.

J'ai procédé à vacciner tous les membres des familles situées du côté britannique du fleuve Saint-Jean, dans la paroisse de Madawaska, de la rivière Saint-François jusqu'au Grand Sault, les visitant à deux reprises. L'inoculation a été, dans presque tous les cas, parfaitement réussie.

Le nombre de personnes que j'ai inoculées est de cinq cent quatre-vingt-trois.

[Signé] *J.C. PINQUET*

Journal of the House of Assembly [...] *of New Brunswick*, 1845, p. 193 (trad.)

En plus des conseils de santé existant depuis les années 1830, le Nouveau-Brunswick se dote, en 1887, d'une commission d'hygiène publique afin de contrer la menace d'une épidémie de variole qui se propage dans d'autres régions du Canada depuis

> En 1859, le village de Cap-Pelé est frappé par la variole, aussi appelée picote à l'époque. L'épidémie cause plusieurs décès dans cette communauté acadienne, qui enterre ses morts dans le « cimetière des picotés ».

1885. Les commissaires à l'hygiène ont le mandat d'inspecter le territoire afin de s'assurer de la salubrité des endroits publics et de l'absence de tout signe de maladie contagieuse au sein de la population. Les personnes déclarées porteuses de la variole ou de toute autre maladie transmissible sont isolées dans leur maison et des drapeaux jaunes, symboles de la quarantaine, sont placés dans les fenêtres, ainsi que des affiches aux portes.

Pauvreté, maladie mentale et exclusion sociale

Aux 18e et 19e siècles, la démence et la vieillesse, tout comme la maladie mentale et physique ainsi que les handicaps, sont perçues comme le résultat de la paresse et de l'imprévoyance. On pense que les porteurs de cette « tare », représentant un fardeau social, doivent être corrigés plutôt que soignés et, pendant longtemps, la solution proposée consiste à les tenir à l'écart de la société. La législation et les politiques concernant la gestion des indigents ont donc des répercussions importantes sur la façon dont les malades sont perçus et pris en charge par leur communauté.

En 1786, soit deux ans après la création de la province, l'Assemblée législative vote une loi qui confère aux comtés la responsabilité de gérer leur population indigente. Cette « loi des pauvres » autorise les administrateurs publics à enfermer ou à « disposer » de toute personne qui ne peut se suffire à elle-même. Le but est manifestement d'écarter les éléments indésirables de la société.

Parmi les nécessiteux, on classe alors sans distinction les handicapés, les aliénés, les vieillards, les pauvres, les enfants abandonnés et les criminels. Sur le plan financier, la loi des pauvres de 1786 prévoit la perception d'une taxe auprès des résidants afin d'entretenir les nécessiteux de leur région. À la discrétion des juges de paix, les Acadiens sont toutefois exemptés de cette cotisation, car ils prennent déjà soin des personnes les plus démunies de leurs communautés par l'entremise, entre autres, des œuvres de charité de l'Église catholique.

Pour réduire encore davantage le fardeau économique qu'ils posent à l'État, les gens en besoin d'assistance sociale sont vendus aux enchères dans leur région. Ainsi, une fois par année, des annonces affichées dans les places publiques donnent la liste des indigents ainsi qu'une description de leur état physique. Pendant la vente, ceux-ci sont présentés tour à tour et, selon le principe d'un encan décroissant, ils sont cédés au moins offrant qui doit ensuite s'en occuper pendant l'année entière. Le soin des nécessiteux est ainsi confié à la population, et certains individus et familles « achètent » des pauvres pour leur servir de main-d'œuvre bon marché pendant l'année.

Vers la fin du 19e siècle, la pratique de vendre les indigents fait progressivement place, dans les centres urbains, à l'hébergement dans des asiles (*Poor House*) où ils sont souvent assujettis à une forme de détention et de correction. La loi des pauvres, remaniée afin d'intégrer des programmes d'assurance-chômage dans les années 1930, reste tout de même en vigueur jusqu'à la promulgation de la *Social Assistance Act* en juillet 1960.

Le Moniteur Acadien, 14 janvier 1887

1847 Un hôpital temporaire est érigé à Shippagan afin de soigner les immigrants malades du *Eliza Liddell*, un navire en provenance d'Irlande où sévit une grave famine.

1890 Loi interdisant la vente de cigarettes et de cigares aux jeunes de moins de 16 ans au Nouveau-Brunswick.

1896 La province fournit gratuitement aux médecins du Nouveau-Brunswick un traitement contre la diphtérie destiné aux familles pauvres.

L'ère de l'institutionnalisation

Pendant longtemps, les gens vivant avec une maladie mentale connaissent un sort bien peu favorable. En raison de leur comportement ou de leur incapacité, les personnes atteintes de troubles mentaux sont souvent assimilées aux pauvres et aux criminels. D'ailleurs, aux 17e et 18e siècles, on connaît peu les causes de folie, et les troubles mentaux sont davantage perçus comme un problème social plutôt qu'une maladie à soigner. Pourtant, des médecins militent pour que les malades mentaux soient internés dans des institutions distinctes de celles réservées aux pauvres et où ils pourraient recevoir une forme de traitement quelconque.

> ### CAP. IX.
> An ACT for the safe keeping of Lunatics whom it may be dangerous to permit to go at large within the Province.
> *Passed 11th March, 1824.*
>
> **W**HEREAS there are sometimes Persons, who by Lunacy or otherwise, are furiously mad, or so far disordered in their senses that they may be dangerous to be permitted to go abroad.

Loi du Nouveau-Brunswick pour le « contrôle des aliénés », 1824 (préambule)

C'est dans ce contexte que l'« asile pour lunatiques » (*Provincial Lunatic Asylum*) de Saint-Jean, première institution psychiatrique en Amérique du Nord britannique, ouvre ses portes en 1836 dans un ancien hôpital pour victimes du choléra. Un asile beaucoup plus grand est inauguré en 1848 en bordure de la ville. L'établissement accueille des patients de toute la province, francophones comme anglophones. On y catégorise la maladie mentale en déterminant des régimes de traitement sur mesure pour chaque groupe.

Quelques motifs d'admission à l'hôpital psychiatrique de Saint-Jean entre 1875 et 1899

Diagnostic	Nombre d'hommes	Nombre de femmes
Causes d'ordre physique		
Coup de soleil	15	3
Maladies de l'os du nez	2	0
Système nerveux défectueux	51	53
Allaitement indu	–	8
Morsure de chien	1	–
Le climat	–	13
Causes d'ordre sexuel		
Onanisme	69	5
Maladies vénériennes	5	1
Habitudes vicieuses	17	7
Causes d'ordre spirituel		
Excitement religieux	17	21
Diagnostics reliés au travail		
Difficultés en affaires	5	–
Travail excessif	11	9
Études excessives	9	3
Vagabondage	10	6
Autres « déviances »		
Le tabac	9	–
Intempérance	191	18
Vols	7	0
Jalousie	2	1
Aucun diagnostic	184	204

D'après N. St-Amand, *Folie et oppression*, p. 45

« L'Hôpital provincial » de Saint-Jean, nom donné à l'établissement à partir de 1904. Construit en 1848, cet édifice imposant accueille des dizaines de milliers de patients jusqu'à sa fermeture définitive en 1998.

À vrai dire, pendant les premières années, les spécialistes ne sont pas toujours certains de savoir quels patients peuvent être soignés et lesquels sont incurables. En raison d'une compréhension encore limitée des processus cognitifs et des interactions neurochimiques du cerveau, les troubles mentaux conservent une bonne part de mystère pour les médecins qui tentent quelques nouvelles formes de thérapies, mais finissent par se résoudre le plus souvent à prescrire la cure de tous les maux : la saignée. Avec l'avancement des connaissances, les psychiatres tentent des diagnostics plus précis et proposent une gamme variée de thérapies. Vers le début du 20e siècle, des méthodes plus radicales sont introduites pour traiter certaines catégories de troubles, par exemple les éléctrochocs et les lobotomies. On prescrit fréquemment des injections d'insuline pour provoquer un état d'hypoglycémie, légère ou profonde selon les cas. Puis, à partir des années 1950, la psychopharmacologie fait son entrée, généralement combinée à de nouveaux modes de thérapies, dans l'espoir d'obtenir des résultats plus prometteurs.

2 L'ÉVANGÉLINE — Moncton — SAMEDI, 21 JUIN, 1952

Campbellton aura son hopital mental

Il faut attendre plus d'un siècle avant qu'un deuxième hôpital psychiatrique provincial soit établi à Campbellton en 1954. Sa construction fait suite aux recommandations de doter le nord de la province d'un tel établissement pour accommoder la population de la région. Pourtant, les francophones

Hôpital psychiatrique de Campbellton (1960)

y trouveront d'abord peu de bénéfices sur le plan linguistique puisqu'une bonne partie du personnel, des services et des activités sont unilingues anglophones. Tout comme dans l'institution de Saint-Jean, les barrières linguistiques posent un problème particulier lorsqu'il s'agit des traitements et de la qualité de vie des patients en psychiatrie.

L'absence de services de santé en français dans les établissements psychiatriques, particulièrement à Campbellton, est vivement dénoncée par le public et par des associations telles que la Société des Acadiens du Nouveau-Brunswick (aujourd'hui la Société de l'Acadie du Nouveau-Brunswick).

« Mon médecin ne me comprend pas et je ne comprends pas mon médecin », rapporte un patient en 1976.

cité dans N. St-Amand et E. LeBlanc, *Osons imaginer*, p. 122

« [L]es patients francophones à cet hôpital sont forcés d'apprendre une langue seconde pour se faire traiter ou passer par un interprète pour pouvoir parler à un psychiatre [...] »

P.-É. Richard, « Un autre scandale... », *L'Évangéline*, 4 avril 1977, p. 6

La première équipe de psychiatrie francophone de l'établissement de Campbellton est instituée en 1983.

1945   Une commission royale d'enquête sur l'Hôpital provincial de Saint-Jean, présidée par le juge J.B.M. Baxter, recommande la création d'un hôpital psychiatrique dans le nord de la province.

Les premiers médecins francophones

Si les médecins se font très rares en Acadie coloniale, le nombre de praticiens au Nouveau-Brunswick s'accroît considérablement au 19ᵉ siècle grâce, entre autres, à de nouvelles théories et connaissances médicales et à un accès plus facile aux écoles de formation, notamment celles de la Nouvelle-Angleterre et du Québec.

Au 19ᵉ siècle, les soins de santé en français au Nouveau-Brunswick sont d'abord prodigués par des médecins venus de France et du Québec. L'un des premiers médecins francophones de la province est Charles-Marie Labillois, originaire de Bretagne. Après avoir été chirurgien dans la marine de Napoléon, il s'installe en Gaspésie en 1816. À l'invitation du curé François-Xavier Lafrance de Tracadie, le Dʳ Labillois vient passer plusieurs mois dans ce village en 1849 et en 1850 pour y soigner les lépreux.

Dʳ Charles-Marie Labillois
(1793-1868)

Pour sa part, Florent Fournier est le premier médecin acadien de la province. Diplômé du Bowdoin College au Maine vers 1850, le Dʳ Fournier pratique la médecine dans sa région natale, le Madawaska, jusqu'à sa retraite en 1895. Il est notamment médecin à l'Hôtel-Dieu de Saint-Basile. Ses compétences sont reconnues par le *Medical Act* du Nouveau-Brunswick, proclamé en 1881 dans le but de réglementer la pratique de la médecine et de la chirurgie dans la province.

D'autres médecins acadiens, formés à l'extérieur de la province, reviennent pratiquer dans leurs communautés. Cependant, lorsque les services en français ne sont pas disponibles, les Acadiens se font soigner par les médecins anglophones, par exemple, le Dʳ Robert Gordon, diplômé en médecine de la University of Glasgow, en

Dʳ Florent Fournier
(1824-1900)

L'ÉVANGÉLINE

Weymouth, N.-E., 26 Mars 1891

Le Nouveau-Brunswick compte déjà au nombre de ses enfants dix-sept médecins français, savoir: 1 Fournier, 1 Landry, 2 Gaudet, 2 Belliveau, 2 Bourque, 2 Léger 3 LeBlanc, 1 Bourgeois, 1 Comeau, 1 LaForest, 1 Sirois. Deux autres : les docteurs David Landry et Clément LeBlanc vont ces jours-ci recevoir leur diplôme à Montréal, ce qui portera le nombre de la profession médicale acadienne venant de la province sœur à dix-neuf.

Écosse, installé à Bathurst à partir de 1830. En de telles circonstances, c'est l'accès aux services d'un médecin qui prime avant tout. Lorsque la langue pose un problème, on peut avoir recours à un parent ou à un voisin pour jouer le rôle d'interprète.

Pourtant, au cours du 19ᵉ siècle, le milieu acadien se préoccupe effectivement du faible nombre de médecins francophones au Nouveau-Brunswick. Des initiatives sont mises de l'avant dans le but de pallier cette lacune. C'est ainsi qu'au début des années 1870, le père Camille Lefebvre, fondateur du Collège Saint-Joseph de Memramcook, conclut une entente avec l'École de médecine de Montréal. Voici le parcours prévu par le père Lefebvre pour les futurs étudiants en médecine :

Nos étudiants en médecine suivent leur cours médical à notre collège même sous la direction d'un médecin canadien-français […]. Après avoir suivi nos cours de médecine pendant deux semestres, ces jeunes iront à Montréal suivre les cours de l'École canadienne ainsi que [faire un internat] dans les hôpitaux, et nous reviendront avec leurs licences et leurs diplômes […]. Par ce moyen, nous pourrons avoir des médecins […] méritant la confiance du public.

Formation professionnelle et rétention préoccupent donc déjà les leaders acadiens de l'époque.

La plupart des médecins au 19ᵉ siècle ont une pratique itinérante, c'est-à-dire qu'ils visitent leurs patients à domicile. D'ailleurs, pendant très longtemps, les hôpitaux sont perçus comme des endroits infects et insalubres où l'on se rend pour mourir plutôt que guérir. Les gens préfèrent donc bien souvent se faire soigner à la maison, quelle que soit leur maladie.

Dʳ Jean C. Pinquet (19ᵉ siècle)

Dr Alexandre P. Landry (1834-1905)

Natif de Sainte-Marie-de-Kent, il pratique la médecine au Nouveau-Brunswick de 1877 à 1886, puis dans la région de Clare (N.-É.). Il participe à la deuxième Convention nationale acadienne à Miscouche (Î.-P.-É.) en 1884.

Détail d'une fresque de Claude T. Picard représentant la visite à domicile d'un médecin.

Hors des centres urbains, les médecins couvrent un vaste territoire et cumulent les interventions : des chirurgies mineures aux accouchements en passant par l'arrachage de dents et les attestations comme médecin légiste. Étant instruits et généralement respectés dans la communauté, plusieurs s'impliquent aussi activement dans la politique locale et provinciale.

Malgré leur réputation favorable, il reste que les médecins se trouvent confrontés à certains défis sociaux : les gens ne possèdent pas toujours les moyens de payer leurs services et font souvent autant, sinon plus, confiance aux guérisseurs locaux.

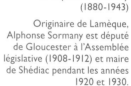

Dr Alphonse Sormany (1880-1943)

Originaire de Lamèque, Alphonse Sormany est député de Gloucester à l'Assemblée législative (1908-1912) et maire de Shédiac pendant les années 1920 et 1930.

Dr François-Xavier Comeau (1862-1944)

Premier médecin acadien du comté de Gloucester, François-Xavier Comeau, originaire de Petit-Rocher, préside la cinquième Convention nationale acadienne à Caraquet en 1905.

Dr Félix-Xavier Bernier (v. 1840-1891)

Au Madawaska, le Dr Bernier s'implique dans la politique locale, notamment à titre de conseiller municipal et de préfet de comté.

Maison du Dr Hilarion LeBlanc (1864-1954) à Cap-Pelé, v. 1901. Natif de Pointe-de-l'Église (N.-É.), il est le premier médecin à s'établir dans la paroisse de Cap-Pelé, en 1897.

1911 Le Nouveau-Brunswick compte 98 dentistes et 281 médecins.

La médecine populaire

Avec ses praticiens, tantôt doués, tantôt charismatiques, et par ce qu'elle a de mystérieux, la médecine populaire s'attire depuis toujours la faveur du public. Dans les moments où il est difficile d'avoir accès à un médecin et où les hôpitaux, peu nombreux et généralement situés dans les centres urbains anglophones, sont encore perçus comme des endroits sales et surpeuplés, les blessés et les malades se font essentiellement soigner à la maison par des Amérindiens, des guérisseurs, des arrêteurs de sang, des sages-femmes ou quiconque prétend avoir des connaissances médicinales ou des pouvoirs de guérison. Ainsi, aux 18e et 19e siècles, nombre de femmes et d'hommes sans formation médicale certifiée dispensent des soins dans les diverses régions acadiennes du Nouveau-Brunswick. Par exemple, au Madawaska, les pauvres et les mal-portants peuvent compter sur les soins prodigués par Marguerite-Blanche (Cyr) Thibodeau, surnommée « Tante Blanche », et, à Pont-du-Milieu, dans le comté de Kent, les gens se déplacent d'aussi loin que la Gaspésie pour être traités par Barbe Thibodeau, dite la « Vieille Babbée », sage-femme et guérisseuse de renom.

Marie-Louise Landry Arseneault (1800-1884), la « femme-médecin » de Dalhousie ; tableau par Vetta LaPointe Faulds

Un guérisseur dans le comté de Kent au 19e siècle

Il y avait par chez nous, dans ces temps-là, un certain individu nommé Télesphore Brindamour [qui] pouvait guérir de plusieurs maladies et avait le don tout particulier de faire passer les verrues, par un procédé assez étrange et qui dénotait, à ne pas en douter, le travail tout pur de la magie.

Ainsi pour les délivrer de leurs verrues, il vendait, à ceux qui en étaient affligés, un petit sac en cotonnade, dans lequel ils devaient mettre autant de petits cailloux qu'ils avaient de verrues, et puis, tout en marchant le long d'une route bien fréquentée, ils devaient lancer le petit sac de cailloux par-dessus leur tête et en arrière, sans se détourner pour le voir tomber.

Malheur au voyageur qui avait la curiosité de ramasser plus tard cette bourse d'un nouveau genre ; il était sûr alors d'attraper les verrues dont son voisin venait de se débarrasser.

A.-T. Bourque, *Chez les anciens Acadiens*, p. 141, 144 et 145

Ces remarquables sages-femmes

La plupart des communautés acadiennes ont leur sage-femme, une occupation transmise de génération en génération et pratiquée couramment jusqu'aux années 1960. Leurs conseils et services d'accoucheuse et de guérisseuse auprès des mères et des nouveau-nés sont indispensables dans les communautés acadiennes où les naissances sont très nombreuses et les rares médecins, pas toujours accessibles. D'ailleurs, le rôle des sages-femmes est complémentaire à celui des médecins. Ne se limitant pas qu'à assister lors de l'accouchement à la maison, elles sont souvent présentes avant et après pour aider aux travaux domestiques et au soin de l'enfant jusqu'à ce que la mère soit en mesure de reprendre ses activités quotidiennes. En cas de danger, elles peuvent même ondoyer les nouveau-nés. Les sages-femmes sont donc très respectées et certaines ont acquis un statut quasi légendaire dans leurs communautés. C'est le cas d'Edith Branch Pinet, qui a pratiqué plus de trois mille accouchements dans la Péninsule acadienne, et de Anne Girard, dite « Madame Jos Girard », qui aurait assisté à la naissance de plus de mille nouveau-nés à Kedgwick.

Edith Branch Pinet (1904-1999)

Le coût d'un accouchement assisté par une sage-femme était d'environ 50 ¢ vers 1850 et jusqu'à 5 $ dans la première moitié du 20e siècle. À cette époque, les médecins demandaient environ 12 à 15 $ par naissance. Les sages-femmes acceptaient bien souvent leur paiement sous forme de services ou de produits de la ferme, selon les moyens des parents.

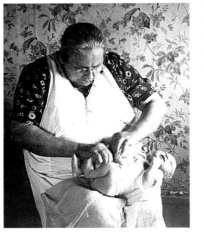

Anna Ringuette Sirois (1889-1965), sage-femme du Madawaska

Sages-femmes dans la vallée de Memramcook (première moitié du 20ᵉ siècle)

La présence des sages-femmes était rassurante, car elles étaient toujours prêtes à venir en aide aux femmes :

I' y en avait une à l'autre bout (du village). Pis on en avait une dans le centre, pis une à notre bout. Ces femmes-là, quand qu'une femme était enceinte, ben là i' se parlaient. Pis i' saviont quand ce que c'est qu'elle allait avoir son bébé. Pis i' étiont toutes preparées pour. Ça se préparait.

Quand venait le temps de l'accouchement, on s'assurait que les enfants ne soient pas présents, pour qu'ils ne comprennent pas ce qui se passait : « I' leur disiont n'importe quoi. I' y en a qui leur disiont que c'était le docteur qui avait emmené le bébé dans sa valise. » Quant au père, il attendait dans la cuisine ou sortait de la maison si l'accouchement le rendait nerveux.

R. Labelle, *Au Village-du-Bois*, p. 192

À chaque mal son remède

À l'époque, les croyances et les superstitions par rapport aux traitements des malades et des blessés sont nombreuses et variées. Les familles acadiennes possèdent presque chacune leurs recettes traditionnelles d'onguents, d'emplâtres et de méthodes de guérison de toutes sortes, habituellement préparées avec des articles que l'on trouve autour de la maison. Ces remèdes populaires, aussi divers qu'ingénieux, jouent un rôle clé dans le soin des petits comme des grands maux. Par exemple, au Madawaska, on recommande d'appliquer des graines de lin chauffées pour soigner les abcès; pour faire tomber une forte fièvre à Tracadie, on place du hareng salé fendu en deux sous la plante des pieds que l'on recouvre ensuite de bas de laine; à Bathurst, on concocte un sirop à base de racines de savoyane pour guérir l'anémie et, à Memramcook, on conseille les cataplasmes de soda et de vinaigre pour soulager les gorges enflées.

Les vertus thérapeutiques de plantes fréquemment employées dans les remèdes traditionnels, telles que le plantain, la tanaisie, l'absinthe, l'ail et l'oignon, sont démontrées depuis longtemps et en font des modes de traitement encore utilisés aujourd'hui. C'est le cas de l'eugénol (molécule présente dans le clou de girofle), un analgésique et antiseptique très efficace couramment employé en dentisterie.

Par ailleurs, avec l'essor de la presse écrite, la réputation curative de certains remèdes commerciaux se propage rapidement au sein des communautés. Les pages des journaux de l'époque sont parsemées de nombreuses publicités de baumes, de sirops et de pilules miracles. On affirme que ces remèdes populaires peuvent guérir une panoplie de maladies et de maux ou qu'ils sont essentiels au bien-être et à une apparence saine. Certains guérisseurs les utilisent en les accompagnant même parfois d'un rituel magique destiné à en augmenter l'efficacité.

Publicités tirées de *L'Évangéline* et du *Moniteur Acadien* (19ᵉ et 20ᵉ siècles)

Bouteille de *Remède acadien* préparé par Sophie-E. Allain, de Moncton, et vendu entre les années 1930 et 1960

Religion et congrégations religieuses

Pendant longtemps, la maladie est perçue comme l'expression de la volonté de Dieu, représentant soit un avertissement ou une punition. Malgré cette conception fataliste, on n'exclut pas de faire l'effort de guérir par la voie de traitements, de prières, d'offrandes et de vœux. Société catholique, l'Acadie attache depuis le tout début de la colonie une importance particulière à l'invocation des saintes et des saints ainsi qu'à la guérison par l'intervention divine. On implore donc les saints thaumaturges tels que saint Joseph et saint Jude (pour les causes désespérées) et tout particulièrement sainte Anne à qui sont consacrés de nombreux lieux de dévotion, notamment Sainte-Anne-du-Bocage à Caraquet et Sainte-Anne-de-Madawaska. Depuis 1880, plusieurs Acadiens se rendent même en pèlerinage à Sainte-Anne-de-Beaupré, au Québec, où des voyages de groupe sont organisés à partir du nord-est du Nouveau-Brunswick. Des lieux de pèlerinage ou de prière plus récents sont aussi fréquentés par des personnes souhaitant des guérisons, notamment le Monument national Notre-Dame-de-l'Assomption à Rogersville et la réplique de la grotte de Lourdes à Saint-Louis-de-Kent.

Plusieurs prêtres jouent également un rôle notoire en prodiguant des soins ou en administrant des médicaments. C'est le cas de Mgr Stanislas-J. Doucet, longtemps curé de Grande-Anse, dont l'impressionnante collection de traités de médecine et l'abonnement à une revue médicale homéopathique témoignent de son intérêt prononcé pour la santé. Très apprécié de la population, Mgr Doucet commande ses médicaments de New York et de Philadelphie, en particulier ses fameuses petites pilules blanches avec lesquelles il soigne ses nombreux patients. Ordonné et soucieux d'avoir une approche simple pour ceux qui le consultent, il numérote chacun des médicaments afin que les malades puissent renouveler facilement leurs prescriptions sans avoir à mémoriser les noms scientifiques des remèdes. Par exemple, le n° 192 (*coccus cacti*) est un expectorant alors que le n° 41 (*digitalis*) est indiqué pour le traitement des palpitations cardiaques et des rhumatismes.

GRAND PELERINAGE

—À—

Ste. Anne de Beaupré

le 9 Septembre prochain.

Autorisé par sa Grandeur Monseigneur Jean Langevin, sous la direction du Revd. F. Cinq Mars curé de St. Alexis de Matapédiac.

PRIX : de CAMPBELTON à Ste Anne de Beaupré, aller et retour **$5**

Annonce publiée dans *L'Évangéline* en 1890

Ex-voto offerts en reconnaissance à sainte Anne, sanctuaire de la chapelle de Sainte-Anne-du-Bocage (Caraquet)

« Reconnaissance à Ste-Anne »

Le petit Charles Edouard Léger, âgé de deux ans, [...] a été dernièrement de la part de Sainte Anne l'objet d'une faveur insigne. Au commencement d'avril, l'enfant fut atteint d'une maladie mystérieuse [...] Les remèdes étaient sans effet, et les médecins consultés restaient impuissants. Dans leur grande désolation, les pieux parents savaient qu'une toute puissante protectrice allait guérir leur cher petit : ils invoquèrent la bonne Sainte Anne ! [...]

[Caraquet, 1918]

L'Évangéline, 25 septembre 1918, p. 4

Un souci de bien « diagnostiquer » : Mgr Stanislas-J. Doucet répond à une lettre d'un patient (1923)

[...] Quel est votre âge ? [...] Le cœur [...] bat-il régulièrement, ou manque-t-il un battement à toutes les deux ou trois pulsations ? Le pouls bat-il très vite ou très lentement ? Combien de pulsations par minute ? On s'assure de cela quand on est assis ou couché et bien reposé. Le pouls bat plus vite après avoir marché, ou mangé, où quand [on] est debout.

Votre estomac est-il en mauvais état ? Les intestins marchent-ils régulièrement sans l'aide de remèdes ? [...] Faites-vous, ou avez-vous fait un usage excessif de tabac ? Avez-vous les pieds enflés, beaucoup enflés ? [...]

É. DeGrâce, *Mgr Stanislas-J. Doucet*, p. 95

Les religieuses, bâtisseuses infatigables

C'est surtout par l'entremise des congrégations religieuses que le catholicisme joue un rôle de premier plan dans l'instauration des services de santé en français au Nouveau-Brunswick. Pendant plus d'un siècle, les congrégations religieuses hospitalières construisent et administrent un important réseau d'hôpitaux à l'intérieur desquels elles sont responsables de presque

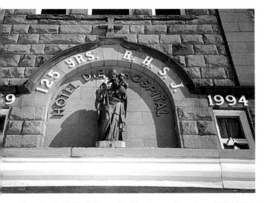

Façade de l'Hôtel-Dieu de Chatham, démoli en 1997-1998

toutes les fonctions, du soin des malades à la buanderie en passant par la préparation des médicaments et la gestion des opérations quotidiennes.

Les Religieuses Hospitalières de Saint-Joseph sont les premières à mettre leur dévouement à l'œuvre dans les communautés francophones. Venues de Montréal en 1868, elles fondent l'Hôtel-Dieu de Tracadie cette même année, puis trois autres, soit à Chatham (1869), à Saint-Basile (1873) et à Campbellton (1888).

Mgr Stanislas-J. Doucet (1847-1925) et ses petites pilules blanches

À Saint-Basile leur couvent sert d'hôtel-Dieu en attendant la construction d'un véritable établissement de soin pour les habitants de la région. Un premier malade, admis en novembre 1873, est même installé temporairement « dans la petite chambre où était le piano ».

Les Religieuses Hospitalières de Saint-Joseph ainsi que d'autres congrégations religieuses féminines poursuivent leur mission de soins de santé au 20e siècle en intégrant d'autres régions francophones à ce réseau hospitalier. Dans le sud-est de la province, l'Hôtel-Dieu de l'Assomption de Moncton, fondé par les Sœurs de la Providence, ouvre ses portes en 1922. En plus d'être fortement impliquées dans le domaine de l'éducation des jeunes Acadiennes, les Religieuses de Notre-Dame-du-Sacré-Cœur participent également à la gestion des soins et services de santé francophones. À partir de 1955, elles se consacrent au soin des

Bien que leur rôle et leurs responsabilités aient changé au fil des décennies, les religieuses restent toujours engagées dans leur communauté. Sœur Ernestine La Plante, r.h.s.j., infirmière immatriculée, a participé à l'établissement du programme de nursing paroissial au Canada, particulièrement dans la région de Bathurst. Depuis 1997, elle travaille au sein de ce mouvement qui aborde la santé dans une perspective globale et vise à répondre aux besoins spirituels, physiques, psychologiques et sociaux en prodiguant des services de santé primaires dans les collectivités.

malades à l'hôpital de Bouctouche et elles fondent l'Hôpital Stella-Maris-de-Kent, à Sainte-Anne-de-Kent, en 1966.

À partir de la fin des années 1960, la gestion des hôtels-Dieu est graduellement prise en charge par le gouvernement provincial. L'engagement social des religieuses ne s'est pas arrêté pour autant, car elles œuvrent encore aujourd'hui dans des réseaux d'entraide pour divers groupes sociaux et offrent leur appui aux plus démunis, dans leur région et à l'international.

Le Lazaret de Tracadie (1849-1868), devenu l'Hôtel-Dieu de Tracadie, est le premier hôpital au Nouveau-Brunswick à dispenser des services de santé en français sur une base régulière. À cette époque, le Nouveau-Brunswick compte déjà des hôpitaux, mais ils sont situés dans le sud de la province et l'anglais y est la langue prédominante.

Les hospices, qui servent souvent d'hôpitaux et de refuge pour les pauvres, sont aussi gérés par des religieux et des religieuses. Au départ, tous ces établissements ne possèdent ni électricité, ni eau courante, ce qui n'empêche pas les religieuses d'y maintenir un niveau d'hygiène impeccable. Des lieux propres, où l'on reçoit une nourriture saine et où l'on soigne le corps et l'âme, même en disposant de peu de moyens, voilà qui contribuera grandement à rehausser l'image des hôpitaux dans l'esprit de bien des gens.

Chambre de l'Hôtel-Dieu de Saint-Basile (v. 1920)

Premier Hôtel-Dieu de Saint-Quentin,
ouvert en 1947

Une dimension de l'œuvre des congrégations féminines au Nouveau-Brunswick : la fondation et la gestion d'établissements hospitaliers (19ᵉ-20ᵉ siècles)

Hôtel-Dieu de Campbellton
1888, RHSJ

Hôtel-Dieu de Dalhousie
1945, RHSJ/FDJ

Hôpital de l'Enfant-Jésus de Caraquet
1963, RHSJ

Hôtel-Dieu de Saint-Quentin
1947, RHSJ

Hôtel-Dieu de Lamèque
1949, RHSJ

Hôtel-Dieu d'Edmundston
1946, RHSJ

Hôtel-Dieu de Bathurst
1942, RHSJ

Hôtel-Dieu de Tracadie
1868, RHSJ

Hôtel-Dieu de Saint-Basile
1873, RHSJ

Hôpital général de Grand-Sault
1964, RHSJ*

Hôtel-Dieu de Chatham
1869, RHSJ

Hôpital l'Assomption de Grand-Sault
1952, OMMI

Hôtel-Dieu de Perth-Andover
1947, RHSJ

Hôpital Stella-Maris-de-Kent à Sainte-Anne-de-Kent
1966, RNDSC

Hôpital Stella-Maris de Bouctouche
1947, RNDSC**

Hôtel-Dieu de l'Assomption de Moncton
1922, SP

Hôpital l'Assomption
de Grand-Sault, ouvert en 1952

Abréviations

FDJ : Filles de Jésus
OMMI : Oblates Missionnaires de Marie Immaculée (Institut séculier)
RHSJ : Religieuses Hospitalières de Saint-Joseph
RNDSC : Religieuses de Notre-Dame-du-Sacré-Cœur
SP : Sœurs de la Providence

* Administration uniquement ; l'hôpital n'est pas construit par les RHSJ.
** L'hôpital est fondé en 1947 par le Dʳ Robert Marcoux et son épouse, Aline Michaud. Les RNDSC en assument la direction à partir de 1955 jusqu'à sa fermeture en 1962.

Hôtel-Dieu
de Saint-Basile (1881)

Hôtel-Dieu de
Dalhousie (1960)

Hôtel-Dieu de Lamèque (1949)

Hôtel-Dieu de Campbellton (v. 1910)

Hôtel-Dieu de Bathurst (1945)

Hôpital Stella-Maris de Bouctouche, ouvert en 1947

Premier Hôtel-Dieu
de Moncton, ouvert en 1922

Encore aujourd'hui, la longue tradition catholique d'engagement dans les services de santé hospitaliers se perpétue dans la province, notamment par l'Association catholique de la santé du Nouveau-Brunswick qui promeut les soins de santé dans le contexte d'un esprit chrétien. Cette association soutient une quinzaine d'établissements hospitaliers et de foyers de soins, notamment dans les régions acadiennes et francophones de la province.

Des vocations professionnelles

Les premières pharmaciennes professionnelles francophones du Nouveau-Brunswick sont issues des rangs des Religieuses Hospitalières de Saint-Joseph. Au nombre de ces pionnières, sœur Saint-Jean-de-Goto (Amanda Viger), surnommée « le docteur », est pharmacienne à l'Hôtel-Dieu de Tracadie pendant plusieurs années, et sœur Maillet (Alphonsine Ranger), pharmacienne à l'Hôtel-Dieu de Saint-Basile. Le Collège Maillet du même lieu porte d'ailleurs son nom.

L'expertise des religieuses au niveau de la préparation et de la distribution de médicaments est officiellement reconnue par la *New Brunswick Pharmaceutical Society* (Ordre des pharmaciens du Nouveau-Brunswick), créée en 1884. Plusieurs membres de la congrégation des Religieuses Hospitalières de Saint-Joseph réussissent les examens d'admission, qui se font à l'époque en anglais, et obtiennent leur accréditation de pharmacienne. C'est le cas de sœur Desjardins, de Saint-Basile, et de sœur Marthe Laplante, de Tracadie, qui deviennent membres de la Société au début des années 1930.

Sœur
Saint-Jean-de-Goto
(1845-1906)

Par ailleurs, avec les hôpitaux, les soins infirmiers constituent un legs capital des communautés religieuses féminines au Nouveau-Brunswick francophone. En effet, la formation infirmière en français au Nouveau-Brunswick se développe sous leur direction à partir du début du 20e siècle.

La première école de garde-malades – comme on les appelait à l'époque – ouvre ses portes à Campbellton en 1916 à l'initiative des Religieuses Hospitalières de

Détail d'une fresque de Claude T. Picard représentant mère Maillet (Alphonsine Ranger, 1846-1934) devant l'Hôtel-Dieu de Saint-Basile. Des ouvriers du lieu ont fabriqué des milliers de briques qui ont servi à la construction de cet hôpital.

Selon ses collègues, sœur Anastasia Harquail, dite Carroll, a joué un « rôle de premier plan dans le développement des soins hospitaliers modernes au Nouveau-Brunswick ». Administratrice dynamique et enseignante de grand talent, elle dirige l'École d'infirmières de Campbellton à partir de 1920. Ses enseignements sont repris dans *Principes élémentaires concernant le soin des malades*, un premier manuel pédagogique en français portant sur les soins infirmiers. Paru en 1931, cet ouvrage est largement diffusé en Amérique du Nord et en France au cours des années qui suivent.

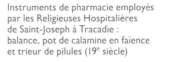

Instruments de pharmacie employés par les Religieuses Hospitalières de Saint-Joseph à Tracadie : balance, pot de calamine en faïence et trieur de pilules (19e siècle)

Saint-Joseph. L'École des infirmières de Campbellton, où s'offre un enseignement bilingue, se taille rapidement une solide réputation en tant que centre de formation pour les infirmières francophones, tant chez les religieuses que chez les laïques. En 1934, elle devient la seule école d'infirmières de l'extérieur du Québec à être affiliée à l'Université Laval. Deux ans plus tard, l'École est reconnue officiellement par la *New Brunswick Graduate Nurses Association* (Association des infirmières et infirmiers du Nouveau-Brunswick), créée en 1916.

Suivant l'exemple de Campbellton, d'autres écoles d'infirmières ouvrent leurs portes à Chatham (1917), à Tracadie (1930), à Saint-Basile (1939) et à Bathurst (1943). Celles de Tracadie et de Saint-Basile sont d'abord destinées à la formation des religieuses, mais admettent les étudiantes laïques quelques années plus tard. Pour leur part, les Sœurs de la Providence fondent une école d'infirmières à Moncton en 1927. Cette école, qui offre une formation de trois ans, en français et en anglais, est la pionnière des sciences infirmières en français dans le sud-est du Nouveau-Brunswick. Devant la demande croissante du

Campbellton, v. 1930

secteur infirmier et signe de la diversification de la profession, les Religieuses Hospitalières Saint-Joseph ouvrent une école d'aides-infirmières à Chatham en 1949 et une autre à Bathurst en 1953.

Les écoles de formation, logées dans les hôpitaux du lieu, dispensent un enseignement davantage axé sur le côté pratique. Cependant, elles ne sont pas les seuls lieux de formation fréquentés par les femmes francophones de la province qui souhaitent devenir infirmières. En effet, plusieurs Acadiennes choisissent d'étudier dans des établissements hospitaliers anglophones du Nouveau-Brunswick, voire des autres provinces canadiennes ou encore des États-Unis.

C'est le cas, entre autres, de Venolea Vautour, originaire de Richibouctou, qui pratique notamment à Bathurst à partir des années 1910 après avoir terminé sa formation au Moncton Hospital, et

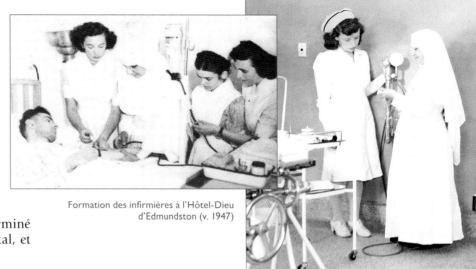

Formation des infirmières à l'Hôtel-Dieu d'Edmundston (v. 1947)

Edmundston, 1958

Bathurst, 1955

Moncton, 1933

L'une des premières infirmières acadiennes, Venolea (Vautour) Veniot (1895-1937)

d'Agnès P. Haché, qui étudie en Nouvelle-Écosse, au Massachusetts et en Ontario avant de travailler comme infirmière d'hygiène publique dans sa ville natale, Bathurst, de 1928 à 1933.

Épinglettes remises aux infirmières diplômées des écoles gérées par les congrégations religieuses